*Und alle Wesen
waren erfüllt
von Frieden
und tiefem Glück*

Maria Muñoz Muñoz

Und eines Tages
lernte ich
meine Sehnsucht kennen

Gedichte und Erzählungen

Verlag Books on Demand GmbH

Bibliografische Information der Deutschen Nationalbibliothek:
Die Deutsche Nationalbibliothek verzeichnet diese Publikation in
der Deutschen Nationalbibliografie; detaillierte bibliografische
Daten sind im Internet unter http://dnb.dnb.de abrufbar.

**Und eines Tages
lernte ich
meine Sehnsucht kennen**
von Maria Muñoz Muñoz

Websites:
www.verlag-culturella.de
www.marias-selfpublisher-bar.jimdo.com

1. Auflage
©2014 Maria Muñoz Muñoz

*Illustrationen Cover, Rückseite und Innenteil,
Layout und Lektorat:*
Maria Muñoz Muñoz

Herstellung und Verlag:
BoD - Books on Demand, Norderstedt
ISBN 978-3-7357-7600-6
www.bod.de

Dank

Meinen leiblichen Eltern danke ich für das Leben, das sie mir schenkten, ihre Eigenwilligkeit, und das, was ich von ihnen lernen durfte; meinen geistigen „Eltern" dafür, dass sie ihre Gedanken, Bilder und Erfahrungen mit mir teilten.

Abgesehen von Märchen aus aller Welt verlieh die *Möwe Jonathan* meinem jungen Herzen ebenso Leben wie der liebende *Krabat*, der forschende *kleine Prinz* und der hölzerne *Pinocchio*, der nichts mehr ersehnt, als ein Junge aus Fleisch und Blut zu sein. Früh folgten heilige Schriften einiger Völker und weiser Lehrer, aber auch *Siddharta, der Prophet*, der *Faust*, Gedichte des großen *Rumi*, der *träumende Delphin* und viele andere mehr.

Nicht nur an Worten labte sich meine nach Wahrheit suchende Seele, sondern auch an der Musik und den Gesängen aller Völker der Welt. Liebe und Freundschaft nahmen mich unter ihre Fittiche, und meine Mitmenschen lehrten mich – oft stillschweigend - durch ihr Sein und Handeln. Und Vater-Mutter Natur war mir das große offene Buch der Verbundenheit und Weisheit aller Dinge.

Euch allen sage ich von Herzen: Habt Dank, denn Ihr speist den wilden, oft unerklärlichen Tanz in meinem Herzen und in meinem Geist, der seit jeher danach drängt, in Worte niedergemalt zu werden. Das ist mein Leben; und ich verdanke es Euch allen.

Ihr alle hieltet meine Sehnsucht und den Glauben an die Wichtigkeit der Treue zu mir selbst am Leben, und genau das möchte ich mit diesem Buch zurückgeben.

Wilde Blüten

Die Liebe, das Leben
und die Natur
durchpflügen weh
und voller großem Staunen
mein Herz
wie einen blinden Acker

In seine fruchtbare
weiche dunkle Erde
legen sie sorgsam
Samenkörner brennender Lieder

Erst nach endlosen Zeiten
ragen geduldig
knorrige Bäume
tief wurzelnd
hoch in den Himmel

Nach süßer Blüte reift die Frucht
und die Bäume wiegen sich im Wind
und ihr Gesang
erfüllt weit das ganze Land.

Wilde Phönixe
erheben sich summend
in buntem Flammenreigen
und picken nach
den glühenden Kernen

Nimm gern auch du,
berückend schöner Vogel!

Nur Holz im allmächtigen
Feuer deines Herzens
möchten diese Früchte sein:

Möge deine geheimnisvolle Flamme
des unendlichen Klanges
deiner Sehnsucht und Heimat
hell, hell lodern immerdar.

Vision

„Heute Nacht bereiste ich das Paradies", sprach der Dichter eines Morgens zu seiner Frau und seufzte.

„Das Paradies, Geliebter? Weshalb bist du dann traurig?", fragte seine Frau.

„Es war bloß ein Traum..." antwortete der Dichter.

„Manche Träume sind wie Samen, die aufgehen und wahr werden können; andere sind Erinnerung", erwiderte seine Frau. „Wie war denn dein Garten Eden?"

„In der Welt, von der mir heute Nacht träumte", begann der Dichter zu erzählen, „kannten und achteten die Himmlischen, die Wesen der Natur und die Menschen einander. Dass die Himmelsleute und die Naturleute in menschlicher Gestalt auf der Erde wandelten, war normal; jeder wusste, wen er vor sich hatte.

Die Menschen waren einfach und freundlich gesinnt, doch hoch gebildet.

Als Forscher und Wissenschaftler arbeiteten sie für das nachhaltige Gemeinwohl aller Wesen, egal, ob groß oder klein; nicht nur für das der Menschen. Primäre Ausgangsbasis für ihre Studien war dabei stets das *"Nosce te ipsum"*, das *"Erkenne dich selbst"*.

Nicht nur technisch waren sie uns weit voraus; sie lebten auch wissend im Einklang mit der Natur, innen wie außen, und erhielten von ihr alles, was sie benötigten. Hungersnöte oder Naturkatastrophen jeglicher Art gab es nirgends.

Berufung war für sie der höchst individuelle Ausdruck der wahren inneren Natur eines jeden. Ihr zu folgen, stellte für sie den Königsweg zur Heranbildung und Reifung echter Weisheit und Liebe dar. Daher widmeten sie sich mit wahrer Hingabe der Orientierung der jungen Menschen, damit diese so früh als möglich herausfinden könnten, was ihr rechter Weg sei. Dabei lebte niemand auf Kosten der Gemeinschaft. Alle trugen ihren Teil bei, und zwar von ganzem Herzen; jeder auf seine Weise und an dem Platz, der ihm kraft seiner Berufung gebührte. Gering geschätzte Tätigkeiten gab es nicht, da jede allen diente. Sich gegen den eigenen Willen zu verkaufen, um des nackten Lebensunterhalts willens, war ihnen fremd.

Sie sprachen wenig; doch weil sie sich selbst wertfrei studierten und daher kannten, war es ihnen leicht, die Gedanken und Gefühle der anderen wahrzunehmen und auch auf diese Weise miteinander zu kommunizieren. Das uns bekannte Gebot, den Nächsten zu lieben wie uns selbst, lebten sie; als allernatürlichste Folge ihrer inneren Bemühung um tiefes Selbstverstehen und echte Selbstliebe.

Religionen kannten sie nicht, denn sie folgten der Liebe. Liebe aber war für sie Bewusstsein. So waren ihnen auch Kriege und sonstige Nöte und Gewalt jeder Art völlig fremd. Der freie Wille galt jedermann als unantastbar. Auch Gesetzbücher hatten sie keine. Denn ihr Gesetz lautete „*was du nicht willst, dass man dir tu, das füge keinem anderen zu*".

Sie waren glücklich, doch empfanden sie tiefes Mitgefühl mit dem Leid anderer Wesen, so, als wäre es ihr eigenes.

Denn sie alle kannten den Schmerz und wussten um die Bitterkeit; doch sie hatten sie hinter sich gelassen. Sie hatten eines Tages begriffen, dass der Schmerz aufhört, wenn man der tiefen inneren Freude im Herzen folgt. Denn er hat eine Funktion: er zeigt in Körper, Gefühl und Geist an, dass etwas nicht in Ordnung ist..."

„Ein schöner Traum", sagte die Frau des Dichters.

„Ja", lächelte der Dichter, „groß und vermessen, und unser Herz beflügelnd... Der tiefen Wahrheit, dem freudigen Funken in unserem Herzen können wir immer folgen, jetzt und hier... Vermag nicht aus ihnen jedes Wunder zu entstehen?"

Brennen

In meinem Herzen
wohnt ein Feuer
und vernichtet alles
was dort nicht hingehört

Und nur das Echo
des mächtigen
Zaubergesanges der Seele
erfüllt seine leeren Hallen

Ein Gesang,
der sich wie ein geheimnisvoller
Zauberquell des Lebens
mit unüberwindlicher Macht
den tiefsten Tiefen
des Innren entringt
und in seiner Schönheit
ohne Worte
mein Sein
gern mit sich reißt

Verwandlung
ist Wunder

Verwandlung ist Wunder

„Deine Fehler, deine Feinde und deine Ängste werden über dich kommen wie ein gewaltiger Sturm", sagte der alte Mann und blickte seinem Besucher tief in die Augen, als wolle er seine Seele ausloten. „Die Herausforderung dieses Pfades besteht darin, diesen Sturm ungerührt toben zu lassen, ohne dich furchterfüllt und haltlos in eine Höhle zu flüchten."

„Eine Höhle?" fragte sein Zuhörer.

„Wer in eine dieser Höhlen flieht, kehrt damit zurück in die Welt", erwiderte der Graukopf.

„Keine Höhle also", nickte der andere. „Keine Ahnung, ob ich einem solchen Sturm standhalten könnte... aber wagen möchte ich es dennoch."

„Gut", sagte der Alte. „Geh und bereite dich vor. Je mehr du dich innerlich reinigst, desto eher wirst du imstande sein, dich dem Sturm zu stellen. Und wisse – das Leben wird dich trainieren."

Die Jahre vergingen. Der Mann hatte seine sonderbare Begegnung längst vergessen.

Doch die Sehnsucht war in seinem Herzen fortbestanden, und irgendwann hatte er begonnen, ihr zu folgen.

Er spürte dem zeitlosen Pfad glücklicher Selbstvergessenheit in seinem Herzen nach, die sich gleichzeitig allem Seienden zutiefst verbunden weiß. Dieser Pfad ist bei jedem anders; bei diesem Menschen war es der Gesang; ein Gesang, der aus unerklärlichen Welten stammte und verzauberte.

Erst nur sehr schüchtern folgte er ihm; doch ein Herz, das Nahrung erhält durch die Achtsamkeit, die man ihm schenkt, wächst, und so wuchs auch sein Ruf, den man Sehnsucht nennt.

Die Sehnsucht also wuchs heran und loderte immer heller im Busen jenes Menschenkindes. Glück durchpulste ihn. Und dennoch glaubte er nicht daran, dass es legitim und möglich sei, vom Glück durchs Leben getragen und genährt zu werden; denn man hatte ihn anderes gelehrt. Vor allem hart verdient müsse ein wahrhaft rechtschaffenes Leben sein, nicht glücklich. Sich selbst zu verraten, um zu überleben, war der allgemein anerkannte, selten angezweifelte Preis.

Und so weinte er insgeheim viele stumme Tränen; es waren die Tränen seiner inneren Wahrheit, die der Quell des Lebens sind. Denn die Wahrheit ist eine eifersüchtige Herrin; man kann nicht ihr und einem anderen dienen.

Zum Schluss wurde seine größte Furcht wahr; er war ein armer Mann, der auf der Straße saß und bettelte.

Und es war kalt in der Nacht, und der Mann erblickte einen endlosen Sternenhimmel über sich. „Ich friere so sehr", sagte er zu seinem Herzen und zu den Sternen. „Warum darf ich nicht in einer Hütte schlafen, in ein weiches Fell gehüllt, und glücklich meine Lieder singen?"

Die Nacht antwortete ihm nicht. Statt dessen entdeckten ihn die Gendarmen der Stadt und jagten ihn fort.

Sie wollten kein Gesindel da haben, sagten sie.

Da lief der Mann frierend durch die Stille der Dunkelheit und die Tränen liefen ihm über das Gesicht. „Meine Lieder ernähren mich nicht", sagte er, „sie machen nur die Süße in meinem Herzen größer und mächtiger, und sie verstoßen mich von den Menschen. Denn ich bin das lebende Beispiel für sie, was einem blüht, wenn man der Freiheit folgt und nicht dem, was sie unter Rechtschaffenheit verstehen."

Er irrte durch die Finsternis, zitternd, schluchzend, es schüttelte ihn vor Weh. Die Leute hatten Recht – er war ein Bettler, er tat nicht mehr das, was andere taten, um sich ihr Brot zu verdienen. Und als Bettler war er ein Rechtloser.

Schließlich stolperte er, fiel zu Boden und blieb einfach liegen.

Die Kälte betäubte ihn fast. Reglos lag er im Sand und sein Blick folgte dem Licht der Sterne. Er wollte nicht mehr kämpfen, er hatte keine Kraft dazu. Was auch immer geschehen würde, er würde sich nicht wehren.

Da erklang in seinem Herzen ein Ton, eine Stimme, die ihm vertraut war.

„Erinnere dich", sagte die Stimme in seinem Herzen, „das Leben wird dich trainieren..."

Diese Stimme war von großer Wärme und erstrahlte wie eine Sonne in ihm. Er verkroch sich in sich selbst, klammerte sich daran, und begann zu beten und zu flehen.

„Meine Sonne", wiederholte er ein ums andere Mal, „meine Sonne... Ich vertraue dir, du Sonne meiner Wahrheit...", stammelte er, und fuhr fort: „...dein Wille geschehe, du allmächtiges Licht in meinem Herzen...", denn das war alles, was ihm einfiel, während die Kälte seinen Körper durchrüttelte.

Und dann wurde er plötzlich ganz ruhig.

„Ach so," sagte er. „du bist es also, du Sturm der Folgen meiner Fehler und Irrtümer. Und bist es immer gewesen..."

Und er sah in das Antlitz seiner selbst ohne Furcht.

„Ich sehe dich, Angst. Ich sehe dich, Selbstverachtung. Kommt her, meine Kinder, ich weiß um euch."

Und er scharte all seine gegenwärtigen Gefühle, Fehler und Trugschlüsse um sich und streifte den weiten Mantel der Liebe über sie, die in seinem Herzen auf einmal wie ein geheimnisvoller Segen entflammt war.

„Es ist gut", sagte er. „Es ist gut. Alles ist in Ordnung."

Und sie wurden ganz still, und ihre Not war getröstet.

Er sah genauer hin, und sie vergingen wie Rauch.

MADONNA IN DER KNOSPE

II

Als der nächste Morgen in der Wüste graute, in die er sich verirrt hatte, erhob sich der Mann und sah um sich. Der tief blaue Himmel wurde heller und die Sterne verblassten. Am Horizont schwebte ein Adler.

Die Sonne sandte ihre ersten Strahlen über die fernen Felsen. Da fiel der Mann auf die Knie und legte vor Frieden und Dankbarkeit seine Stirn in den Sand, denn sein Herz war erfüllt von nie gekannter Leichtigkeit.

Dann stand er auf, sang, und folgte seinem Herzen.

Gegen Mittag gelangte er an eine Oase. Ein Kaufmann, der dort mit seiner Karawane rastete, bat ihn zu sich ins Zelt und bot ihm Tee und Süßigkeiten an. „Du bringst mein Herz zum Klingen", sprach er dann, denn er hatte ihn von ferne singen hören.

Der Mann nickte. „Das ist die Gabe, die mir verliehen ist", erwiderte er.

„Würdest du mir die Ehre erweisen wollen, für mich zu singen und in meiner Heimat mein Gast zu sein?" fragte der Kaufmann.

„Ich kann nur in Freiheit singen", sagte da der Mann.

„Ich weiß", beruhigte ihn der Kaufmann. „Du sollst immer frei sein, auch wenn du in meinem Hause wohnst und stets an meinem Tisch willkommen bist."

Also zog er mit dem Kaufmann. Als sie in dessen Stadt angelangt waren, führte ihn dieser in sein Haus und betrat anschließend mit ihm einen stillen Garten. Ganz am Ende desselben stand an der Mauer hinter einem Brunnen ein kleines Haus.

„Tritt ein; hier wohnte lange Zeit mein Vater, bevor er vor ein paar Jahren diese Welt verlassen hat", lud der Kaufmann den Mann ein. Ein Wohnraum mit Kamin, ein Schlafgemach mit Fellen und wollenen Decken auf dem Lager. „Waschen kannst du dich draußen am Brunnen", sagte er.

Er wies auf auf eine große hölzerne Truhe, die mit vielen Schnitzereien verziert war. „Und hier findest du Kleidung", erklärte er. „Diese Truhe gehörte meinem Vater. Wie du hatte auch er eine Gabe, der er stets in Liebe diente: er sprach durch Holz."

Und in der Tat, die Bildnisse auf der Truhe erzählten Geschichten.

Er ließ dem Mann keine Gelegenheit, etwas zu erwidern oder zu fragen. „Für heute lasse ich dich nun allein", sprach er. „Man wird dir zu essen und zu trinken bringen und Holz für den Kamin. Ruhe, und tue, was immer dir beliebt. Du sollst mein Gast sein, solange du es möchtest. Morgen stelle ich dir meine Familie vor." Sie verneigten sich voreinander, und der Kaufmann kehrte in sein Haus zurück.

Unterdessen war es Nacht geworden. Auch der Mann trat hinaus und setzte sich auf die Bank aus Holz, die vor dem Haus stand. Der Wind klang in den Ästen der blühenden Akazie am plätschernden Brunnen. Die Sterne standen hell und klar am Himmel. Eine Katze sprang auf die Bank, setzte sich neben ihn und begann zu schnurren. Und in seinem Herzen erhob sich ein Lied, mächtig, wie ein Meer.

Später aß und trank er, und staunte über die Musik des Feuers in seinem Kamin. Er bettete sich auf die Felle des weichen Lagers, das nach Rosen duftete, und hüllte sich in die wollenen Decken.

Er erinnerte sich daran, wie er sich alles gewünscht hatte, was ihm nun zuteil geworden war.

Und er dankte dem Allmächtigen für seine Hilfe.

So vergingen die Jahre. Der Mann fuhr fort, seinem Herzen zu folgen und sich darin zu üben, sich selbst zu lieben. Das geheime Licht, das in seinen Irrtümern verborgen war, wuchs ihm dadurch zu; und seinen Gesang, der dadurch immer vollendeter und atemberaubender wurde, wollte alle Welt hören.

Nie mehr wieder litt er Hunger oder sonstige Not, und der Schmerz fiel von ihm ab wie ein alter Mantel.

III

Als er einst, schon alt, zum Ort seiner größten Verzweiflung zurückgekehrt war, um dort zu beten und dem Himmel zu danken, trat der alte Ehrwürdige hinzu und setzte sich neben ihn.

Er erinnerte sich sehr gut an ihn, er war unverändert. „Das Leben hat mich trainiert", lächelte er ihn an.

„Und, hast du immer noch die Absicht, den Kreis der Wiederkehrten zu verlassen und ein reiner Naturgeist zu werden?"

„Gewiss...", sagte der Mann entschlossen, und eine süße Müdigkeit übermannte ihn.

„Bleib wach", drangen die Worte des Großvaters an sein Ohr, als er entschlummerte.

Und er blieb wach.

Der Sturm kam; doch er übertönte ihn mit seinem Gesang.

„Komm zu mir, lieber Sturm", umwarb er das mächtige Getöse, das an ihm zerrte, „komm zu mir... es ist alles gut."

Und der Sturm, verzaubert vom Klang seiner Stimme, überrascht davon, sich froh erwartet zu sehen, verstummte nach einiger Zeit und fand Frieden.

Der Graubart hatte unterdessen über den Mann gewacht.

Als der Morgen kam, bemerkte er, dass dessen Körper leer war und blieb; auch dieser alte Mantel war schließlich von ihm abgefallen.

Ein unbekannter blauer Vogel sang ein nie gehörtes Lied inmitten der nahen Feuerlilien.

Der alte Mann hielt dem Vogel seine Hand hin.

Der hüpfte darauf und betrachtete den Greis. Er strahlte vor Freude.

Auch der Vogel freute sich – er trillerte es lauthals hinaus, breitete seine Schwingen aus, stieg hoch in den Himmel empor und tollte dann übermütig durch die Lüfte.

„Fahr nur fort, zu singen, mein Freund", schmunzelte der Alte. „Sing, und entzünde damit weiterhin die Sehnsucht nach der Wahrheit und der Freiheit in den Herzen der Menschen... wer könnte das besser als du!"

„Niemand", murmelte da die Quelle neben den Feuerlilien, „niemand könnte das besser als ich..."

„Niemand", erklang da der Wind im Fels, „niemand könnte das besser als ich..."

Und ein Kind trat neben den Ehrwürdigen mit den Worten: „wahrlich, dank Euch könnte niemand das besser als ich... Und lasst Euch sagen, diese Freiheit schmeckt köstlich."

Und sie lachten aus vollem Halse und flogen davon.

Die Sehnsucht...

...ist der Ruf unserer Heimat
die Träne unserer Liebe
die sich wie ein Tautropfen
an die Blätter der Rose schmiegt
trunken vor Glück
sie erblühen zu sehen.

Die Sehnsucht
süßer Klang unserer Heimat
Morgenröte unserer Wahrheit

In der lauen Stille der Nacht
singen die Grillen

Das Land verschenkt sich im Duft
an das Meer der Sterne.

Die Sehnsucht
ist der Traum, sich zu erheben
und zu sagen, „ja, ich bin!"
und zu tanzen im Wind
auf unserem geflügelten Ross

Die Sonne lacht
und steckt unser Herz in Brand
und es lodert vor Liebe
bis es gerne vergeht

Die Sehnsucht
ist die Stimme der Liebe
Tochter der Sonne
Musik der Unendlichkeit
am Baum des Lebens.

Sonnenmädchen

Ein blindes Mädchen stand vor einem Fluss.

Sie hörte das ihr unbekannte Rauschen, tastete mit den Händen das Ufer, setzte sich und steckte die Beine ins Wasser, ganz sachte. Wusste sie doch nicht, was es war, was sie da hörte!

Und sie stellte fest, das Wasser war tief, zu tief. Kein Grund, kein Boden unter den Füssen. Und der Fluss zu reißend.

Die Sonne aber hatte das Mädchen gesehen, und das Mädchen war sehr schön. Und so verwandelte sie sich in einen Jungen und trat zu dem Mädchen.

„Na, du", sprach er zu ihr. „Was steht an?"

„Hier ist ein Hindernis", erwiderte das Mädchen ratlos. „Ich kann nicht weiter."

Und aus der Nähe betrachtet fand der Junge sie noch viel schöner als zuvor.

„Vielleicht magst du mit mir kommen?" fragte er sie.
„Wer bist du?" wollte sie wissen.
„Ich bin die Sonne", gab er zurück.
„Oh."

Der Junge wusste wohl, dass ihre Augen nicht sahen.

„Du glaubst es nicht? Hier, nimm meine Hand und fasse mein Haar!"

Und seine Hand war warm wie zarte Sonnenstrahlen im Frühjahr, und sein Haar schimmerte von feurigem Gold und sang ganz leise.

Es war das Licht in seinem Haar, das den Klang verströmte, und das Mädchen hörte ihn.

„Muss ich denn nicht sterben, wenn ich mit dir gehe?"

Da sprach der Junge insgeheim zu ihrem Herzen, und das Herz begann zu glühen und blühte vor Glück.

Denn der Sonne gehören alle menschlichen Herzen.

„Fühlt sich das denn an wie Tod?" fragte er dann.
„Nein..." Sie wurde rot. „Aber ich fürchte mich."
„Ich verstehe", sagte die Sonne.

Sie saßen schweigend eine Weile am Fluss und der Junge hatte den Arm um ihre Schultern gelegt. Dann stand er auf.

„Ich muss jetzt gehen, der Abend naht", sagte er. „Magst du mitkommen?"

„Ich fürchte mich zu sehr", gab sie zurück. „Man hat mir gesagt, du wohnst sehr weit oben am Himmel! Damit kenne ich mich gar nicht aus."

„Ich verstehe", sagte die Sonne. „Morgen komme ich wieder."

Die Tage verstrichen.

Das Mädchen gewöhnte sich an den Freund ihres Herzens, der sie treu jeden Tag aufsuchte, denn er liebte sie aufrichtig.

Was glaubst du?

Ist sie eines Tages des Hungers gestorben, oder ist sie froh ihrem Herzen in den Himmel gefolgt?

Ich für meinen Teil glaube, eines Tages ist sie sehend geworden.

Und hat erkannt, dass sie durch alle Zeiten und Ewigkeiten schon immer in ihm gewesen war.

Sagen die Weisen nicht, die Trennung sei eine Illusion?

Ja, eines Tages, als er kam, fand er am Fluss kein Mädchen mehr.

Und als er sich wunderte, wo sie geblieben sein mochte, lachte sie ihm herzlich aus seinem eigenen Inneren entgegen!

Und eines Tages lernte ich...

…meine Sehnsucht kennen.

Hoch gewachsen stand sie vor mir,
breitschultrig, ein Hüne.

Die goldenen Locken
reichten ihr bis zum Gürtel.

Ihre Augen, groß,
waren blau wie der Ozean.

Und sie hatte Flügel,
riesige weiße Flügel,
die im Sonnenlicht schimmerten.

Und sie sang.

Ich kannte ihren Gesang,
denn er quoll seit jeher
aus meinem tiefsten Inneren hervor.

Und meine Augen
füllten sich mit Tränen.

Sie lächelte
und reichte mir die Hand.

„Komm", sagte sie,
„lass uns fliegen..."

Der Fels als Brunnen

Lang ruhte der Fels im Gebirge, hoch oben, im stillen tiefen Wald, bewachsen von Moos.

Doch plötzlich wird ihm elend, da er es in seinen Eingeweiden wühlen spürt, und all sein Sein ist erschüttert.

Es knarrt und ächzt tief im Gestein, und er weiß nicht, wie ihm ist.

Fliehen will der Brocken, ohne zu wissen, warum.

Erfüllt von Furcht und Qual duldet er den schrecklichen Druck, der jetzt auf ihm lastet. Er weiß von nichts, er ahnt es nicht!

Und auf einmal speit eine Naht zwischen zwei sich liebenden Steinen fast unmerklich Moos und Erde aus. Erst nur tröpfelnd, sachte, dann allmählich immer mehr, rinnt das klare Nass zutage.

Erleichtert staunt der Fels tief innen: „Was ist denn das?"

Klar und hell bricht das Wasser aus ihm hervor, schleift ihn dabei, und reinigt ihn. Er jedoch bemerkt es nicht.

Wie schön ist doch das Wasser des Lebens!

Bunte Blumen wachsen an der Quelle, Bienen und Schmetterlinge tanzen in goldener Waldessonne um sie herum.

Welch ein göttliches Wunder!

„Lass mich, oh Wasser, dein Fels bloß sein", seufzt er, von Glück erfüllt. „Um mehr bitte ich nicht."

Die Quelle jedoch wächst heran, der Fels, er ahnt nicht, wie er schwindet. Das Elend, der Schmerz, sie sind vergessen.

„Du bist meine Erfüllung", hört man ihn in stillen Nächten verliebt zum Wasser flüstern. „Du bist mein größtes Glück"!

Das Wasser lächelt wissend.

Stetig schürft es tief im Stein, bis eine große Höhle entsteht.

Und eines Tages bricht oben ein Stück ab, das Tageslicht scheint hinein. Der Fels ist überrascht.

Welch ein tiefer See doch in ihm ruht! Er wusste es nicht.

Und in einer silberhellen Mondnacht träumt ihm, wie das Wasser zu ihm spricht.

„Du bist mir ein Zuhause und ein Brunnen geworden, dafür danke ich dir, lieber Fels. Willst du sehen, wer wir sind?

Sieh, das sind die Moleküle des Wassers... und das die des Felsens...
Sieh nun die Atome...
Sieh nur, das Licht!

Du und ich sind im Allertiefsten eins, lieber Fels."

Und der Fels wird sehend in dieser Nacht.

Und am nächsten Tag ist ihm seltsam, wie hell es in seiner Höhle ist.

Er betrachtet sich selbst im inneren See: zu strahlend klaren Kristallen ist er innerlich geworden!

Niemand kann besser das Wasser widerspiegeln als sie, nicht wahr?

Sind sie doch eins!

II

Eines Tages brachten die Männer große Felsbrocken mit zum Dorf, um einen neuen Brunnen zu bauen. Der alte war versiegt, aber eine neue Quelle war an anderer Stelle aus dem Boden hervorgetreten.

Sie schufteten sechs volle Tage, bis er fertig war. Am Abend dann feierte das ganze Dorf den neuen Brunnen, und das ausgelassene frohe Fest dauerte bis tief in die Nacht hinein.

Das Wasser füllte unterdessen den Brunnen. Die Ordnung war wieder hergestellt.

Der Brunnen lag etwas abseits vom Ort, draußen, inmitten eines üppigen wilden Rosenhaines.

Hierhin waren seit jeher die Einsamen gegangen, die Poeten und die Verliebten: um zu träumen, von Duft trunkene Verse zu ersinnen und einander ins Ohr zu hauchen, oder mit den Nachtigallen zu seufzen.

Und in der Nacht wurde nun auch der Brunnen zu ihrem Zufluchtsort.

In einer mondhellen Nacht nach einem lang erwarteten heftigen morgendlichen Regenschauer saß dort einst auch ein junger Dichter, heimlich, sehnsuchtsvoll.

Es war der Sohn des Schmiedes.

Sein Vater, der örtliche Herrscher über Feuer und Erze, fleißig, streng und rechtschaffen, wusste nicht von den zarten Trieben seines Ältesten, der täglich gemeinsam mit ihm und dem jüngeren Sohn in der Schmiede schwitzte.

Noch warm waren die Steine des Brunnens von der Hitze des Tages, als der junge Mann betrübt seine Wange an sie lehnte.

Und plötzlich war ihm, als höre er ein Wispern tief drinnen im Brunnen, und er mühte sich, zu entziffern, was es ihm zu sagen deuchte.

Denn es war einer der Felsbrocken, die hoch oben im Brunnen verbaut waren, der zum Wasser sprach, das auch ihn nun endlich berührt und damit an eine unendlich ferne Vergangenheit erinnert hatte.

„Bin ich es, bist du es, heller, klarer Quell des Lebens?" seufzt er, wie aus tiefem Traum erwachend.

„Ja, ich bin es", kräuselt sich das Wasser nahezu unhörbar.

„Darf ich etwa zurückkehren in das Glück, deine Wohnstatt zu sein, und sei es nur zum Teil?"

„So ist es wohl", gluckst die Quelle munter.

„Alle tiefe Sehnsucht wird also erfüllt, oh Himmel, ich danke dir, ich danke dir!"
Und es läuft ein stilles Zittern durch den Brunnen, so selig ist der Fels. „Ich bin es, du bist es!"

„Wir sind es", erwidert sanft das Wasser.

„Wir sind es", klingt es aus dem Brunnen hervor wie

ein seltsam süßer Gesang, „wir sind es!"

Der Dichter draußen aber weint bittere Tränen, auch wenn er nicht versteht, weshalb.

Und der Brunnen und das Wasser bemerken ihn.

Da ist ihm, als lege ihm jemand weich einen warmen Mantel über die Schulter in der Kühle der Nacht. Jemand, den er nicht sehen kann, als er zu ihm spricht.

„Die Freude deines Vaters ist es, Schmied zu sein. Er gibt alles dafür hin. Er weiß in seinem Herzen, was es heißt, zu lieben, aufrecht sein Schicksal zu leben.

Fürchte dich nicht! Er wird die Liebe in deinem Herzen sehen und dir gerne seinen Segen geben. Seine Lehre an dich ist nicht, ein Schmied zu sein wie er, sondern glücklich zu sein wie er.

Fürchte dich nicht! Das Wasser des Lebens quillt durch jeden von uns auf seine Weise. Göttlich ist es, doch was täte es ohne den Fels, auf dem es ruht?

Selbst die weiten Meere schmiegen sich an den geduldigen Stein, der in ihrer Tiefe harrt."

Und als der Dichter in der zarten Morgenröte erwacht, sanft hingebettet im saftigen Grün neben dem Brunnen, eingehüllt vom Duft der Rosen, legt er stumm seine Stirn auf den Boden und dankt dem Allmächtigen, ohne zu wissen, warum, denn er erinnert sich nicht an das, was er des Nächtens gehört hat.

Doch in seinem Herzen sprießt ein Vers hervor, und

die tröstliche Gewissheit, dass an ihm selbst nichts falsch sei, und auch an seinem Vater nicht.

Und er geht hin und vertraut sich seinem Vater an.

„Du denkst, ich weiß nichts von dem, was du empfindest", sagt dieser zu ihm. „Ich aber sah dein Leid, Tag um Tag. Mein Vertrauen in dich war zwar stets unerschütterlich, doch sagen durfte ich dir nichts.

Denn nur deine eigene Gewissheit verleiht dir die wahre Kraft, dir selber treu zu sein.

Geh hin in Frieden, mein Sohn. Diene auch du dem allmächtigen Wunder des Lebens auf deine Weise.

Das ist, was mich überglücklich macht. Sehe ich doch, die Saat der Liebe, die das Leben in unser Herz gelegt hat, ist auch in dir aufgegangen!"

Die Einsamkeit...

...ist ein Fremder
voller seltsamer Bilder und Gesänge
dem die Worte hilflos
auf den Lippen ersterben

Die Einsamkeit
ist eine brennende Frage
die ohne Antwort bleibt
als existierte sie nicht

Die Einsamkeit
ist ein bohrender Zweifel
der die schönsten Träume
wild zerstört

Die Einsamkeit
ist ein lautes Tränenmeer
das sich stumm
in die schweigende Nacht ergießt

Den geheimnisvollen Wanderer jedoch
kümmert dies alles nicht;
ungerührt schreitet er fort
durch den unendlichen Raum.

Wohin mag er wohl gehen?

Sprachlos singen hell die Sterne
in der tiefen Nacht

Die Einsamkeit ist auch
göttliches Brot
das die Seele still
zu erquicken vermag

Sie umfasst alles
versteht alles

Weh ist sie
und süß
so süß

Und groß
so groß
wie alle Sehnsüchte
der Welt.

Der Ruf des Meeres

Während das Grün der Bäume im besonderen Gold des abendlichen Lichts leuchtete und die Vögel innehielten in ihrem Gesang, trat plötzlich das Tosen der Brandung weit draußen in ihr Bewusstsein; und das Atmen des Meeres zog sie in ihren Bann.

Wie jeden Abend lief sie das kurze Stück vom Haus zu den Felsen, die den Blick in die kleine Bucht freigaben. Ein Fußpfad führte vom Hügel hinunter. Eine knorrige Kiefer krallte sich an einem der runden Granitbrocken in den Sand; dies war ihr Lieblingsplatz.

Die untergehende Sonne verwandelte das Meer in ein endloses glitzerndes Feuer, dessen Lichtschein nach dem Ufer züngelte, Welle um Welle.

Während der Horizont noch der Sonne nachglühte, begann sich über ihr der unendliche Sternenhimmel zu offenbaren. Der Ozean rauschte, ungerührt.

Sein Rauschen, das Zirpen der Grillen, und der Klang des weiten Sternenzeltes erhoben ihre Stimme in ihrem Herzen wie ein einziger Gesang, ein süßer, sehnsuchtsvoller Gesang. Und führten sie fort...

Nach der Hitze des Tages an der rauen, herb duftenden Rinde des Baumes ruhend schlummerte sie ein.

Da erhob sich aus dem großen Wasser ein schöner Geist, kam ans Ufer und setzte sich neben sie. Es war Neptun, Sohn des Unendlichen All-Einigen; denn dieses selbst war es, nach dessen Liebe sie sich verzehrte.

„Hier bin ich, Geliebte", sprach er, und kühlte sanft ihre Stirn mit seiner Hand. „Ich wache über dich, fürchte dich nicht."

Und träumend an ihrer Seite sang er; es war aber das Lied in ihrer Brust. Denn es war Er Selbst, der Unendliche, unaussprechlicher Gesang...

Und im Schlaf quollen ihr vor Sehnsucht und Glück die Tränen aus den Augen. Doch sie wusste es nicht.

Des Morgens küsste der Geist zärtlich ihr Haar und kehrte in den Ozean zurück.

„Jetzt, unter den Menschlichen, träumst du noch nur von uns", dachte er bei sich. „Aber dereinst erinnerst du dich und kehrst sehend an unsere Seite zurück... Oh, Geliebte!"

Sein Herz brannte; die Flamme der aufgehenden Sonne eilte über das Wasser und streichelte ihr Auge. Der Wind liebkoste seufzend ihren Nacken. Und das Lied des Rotkehlchens schmiegte sich in ihr Ohr, und sie erwachte.

Denn sie alle erwiderten ihre Liebe.

Der Bann

Wo ist bloß
mein Leben geblieben,
wo meine Kraft?

Es gibt Leute, die sagen,
wer die Wunde
der Grenzüberschreitung erduldet
fällt in Trance;
ja, so ist es.

Die Jahre ziehen vorüber
ohne dass ich mich selbst spüre
denn der Strom des Lebens
verläuft irgendwo,
bloß nicht in mir selbst.

Jorinde und Joringel
kamen an den Zauberwald;
die böse Hexe bannte Joringel
und nahm ihn mit in ihr Haus...

Ach, Joringel, Allerliebster,
wie kann ich dich finden
wie dich erlösen?

Du bist verzaubert und vergessen
und doch bist du der Einzige
der mich heilen kann.

Manchmal
entziffere ich unter dem Gesang
der gebannten Vögel der Hexe
deine Stimme, Geliebter
und dann weine ich

Und tanze wild
und singe
mit dem Regenbogen.

Joringel

In Gedanken malte ich einen stillen Hain und einen weißen Grabstein für mein geträumtes, wildes Leben.

Schweigend stehe ich davor; mein Herz betrübt, denn ich weiß nicht, was mir warum widerfahren ist, dass mir das Leben so genommen ward...

So viele Jahre sind verstrichen – und ich fühlte mich insgeheim stets so hilflos und fremd. Denn mein tägliches Leben fühlte sich unecht an, so, als sei es nicht das meine...

Meines ruht verborgen und träumt unter dem Baume, dessen Wipfel im Winde rauscht.

Wie gelähmt bin ich, oh süßes, liebes Leben; doch ich gieße dich mit meinen Tränen.

Der Engel jedoch erhörte mich, kam und reichte mir eine blaue Blume.

„Nimm diese Blume", sagte er. „Sie erblühte durch den Strom deiner aufrichtigen Trauer."

Ich ergriff und küsste sie, und eine heiße Träne rollte von meiner Wange und benetzte ihre Blätter.

Da errötete die Blume und verglühte in meiner Hand. Ein weißer Vogel stieg auf in den Himmel. Und ein Funken Leben kehrte in mein Herz zurück.

Weit - nah

Weit, weit sind wir
entfernt von uns selbst
unserer eigenen
inneren Wirklichkeit

Seltsam wehe Suche
wir benötigen Erfahrung
Unterscheidungsvermögen

Lang ist der Weg
zum wirklichen Verständnis
dessen, was wir wirklich suchen
wirr und merkwürdig oftmals
unsere blinden Schritte.

Nur tief in unserem Herzen
pocht unermüdlich
und ohne Unterlass
klar und schlicht das Leben
wie eine lichte warme Sonne
die uns niemals verlässt
uns alles zu sagen vermag.

Entwurzelt

„Wie bist du zum Seefahrer geworden?" fragte ein junger Mann einen sonnengegerbten Alten am Hafen.

„Ich folgte meinem Herzen, und dieses führte mich aufs Meer", antwortete dieser.

„Wie kam das?", wollte der Junge wissen.

„Vor vielen Jahren besuchte ich mit meinen Brüdern die Heiligste aller Städte, und wir schlugen unser Nachtlager bei Freunden auf.

„Bleib hier und warte auf uns", sagten meine Brüder.

Doch ich wollte unbedingt die Heilige Stadt sehen und verließ das Haus eigenmächtig und allein.

Nach ein paar Minuten erschrak ich. Wo befand sich das Haus, in dem wir zu Gast waren? Wie hieß der Hauseigentümer, wie die Straße, wie das Viertel? Ich wusste es nicht... Auch Geld hatte ich keines. Ja, ich sprach nicht einmal die örtliche Sprache, um mich zu erkundigen.

Es war jedoch schon zu spät; ich wusste, ich würde nicht mehr zurückfinden.

Also lief ich weiter, bis ich ins Zentrum der Stadt gelangte. Welch uralte Heiligtümer sie beherbergte! Welch atemberaubende Wunder... Und dennoch wehe mir – wie verloren ich doch war.

Als es Nacht wurde, irrte ich in dem großen Hafen der

Stadt umher wie irgendein Bettler.

Die Verzweiflung übermannte mich.

Hätte ich nicht lieber doch meinen Brüdern gehorchen und auf die Besichtigung der Heiligen Stadt verzichten sollen?

Da brach eine mächtige Stimme aus der Tiefe meines Herzens hervor, die mich fragte:

„HAST DU DICH IMMER BEMÜHT, MIR ZU FOLGEN, SO GUT ES DIR MÖGLICH WAR?"

Ich bejahte die Frage.

„WARUM ALSO FÜRCHTEST DU DICH?"

Da verstand ich, dass die *Heilige Stadt* die innere Wahrheit ist, und dass ich aufgerufen war, ihr treu zu dienen. Der Hafen ist ein Ort, an dem alles offen ist, alle Ziele der Welt. Und da ich dort angelangt war, begann ich am nächsten Tag, auf einem Schiff zu arbeiten."

„Hast du deine Brüder denn nie mehr wieder gesehen?", wunderte sich der junge Mann.

„Nein. Derart auf mich selbst gestellt zu sein, ganz allein, herausgerissen aus allem, was ich kannte und mir vertraut war, wurde zum kompletten Neuanfang. Meine Entwurzelung geschah unerwartet, unvermittelt; um zu überleben, blieb mir nichts anderes, als meine persönliche Wahrheit und Urteilskraft zu entwickeln und in Freiheit eigene Wege zu beschreiten.

Unsere Wurzeln sind nur Grundorientierung; wir sind gerufen, sie durch eigene Erfahrung zu ersetzen.

Denn die Wahrheit ist, es gibt keine Sicherheit, und das Leben entfaltet sich von Moment zu Moment.

Auf dem Meer zu reisen, lehrt mich daher Demut, und das schreckliche Gewahrsein meiner Verlorenheit nicht zu fliehen. Nötigt sie mich doch dazu, stets das rechte Denken, Fühlen und Handeln des Jetzt zu suchen, zu erkennen und zu tun.

So übe ich mich auf dem tosenden Ozean darin, dem Aufblitzen des Herzens in manchen Augenblicken zu folgen, und bin mir dabei aus Erfahrung stets gewiss, dass mir damit getreulich geholfen ist."

„Meinst du damit, wie du dich auf dem Meer orientierst?", hakte der junge Mann nach.

Der Seemann nickte. „Ja. Denn wer ungeachtet der menschlichen Pläne im Herzen aufblitzt und am Himmel, ist jene, die man *Stella Maris* nennt. Viele kennen sie besser unter dem Namen „Liebe", und sie weist mir stets den rechten Weg."

Über die Trauer

Einst, das Leben hatte mich
nach endlosen Jahren des Funktionierens
gezwungen, wirklich innezuhalten,
erreichte ein Klang meine Ohren.

Es war ein Gesang, und, ihm folgend
sank ich hinab wie ein Stein,
immer weiter, immer weiter,
bis ich am Grunde
meiner Seele angelangt war.

Dort irrte ich umher
durch die Zeiten meiner Erlebnisse
bis ich sie endlich erblickte.

Am Ufer eines Baches saß sie,
ein Mädchen in ihren Armen wiegend
das an einer Wunde darnieder lag
und ließ ihre Tränen in das Wasser rinnen.

Still setzte ich mich auf einen Stein
zutiefst erstaunt und gerührt
und sah ihr zu.

Da wandte sie sich mir zu und sagte:
„Endlich hast du
meinen Ruf vernommen!"

Sie erhob sich und zeigte auf das Mädchen.

„Sieh nur", sprach sie,
„an jenem Tag
als du dich von ihr abwandtest
als du sie verrietst
weil du es nicht besser wusstest
ward sie tödlich getroffen
und wartet seither darauf
zu dir zurück zu kehren.

Hast du dich nie gewundert
wie taub sich alles in dir anfühlt?"

Ich nickte, stürzte zu dem Kinde und rief:
„Du hast mir so gefehlt...!"

Da öffnete das Mädchen die Augen
und richtete sich auf.

„Danke, liebe Freundin",
sagte sie zur Trauer,
„dass du sie zu mir geführt hast.
Jetzt bekomme ich endlich
den Platz, der mir gebührt."

Und mein selbstbestimmtes Leben
wahrhaft, kraftvoll und voller Vertrauen
kehrte in mein Herz zurück.

Als wir schließlich fortgingen,
drehte ich mich um -
doch die Trauer
war verschwunden.

Die Sammlung des Herrn

„Du möchtest mich etwas fragen?", wandte sich der Herr dem kleinen Mädchen zu, das durch die Tür getreten war und nun staunend vor all den Gefäßen stand, die er in diesem Raum aufbewahrte.

Es gab da Gläser, irdene Gefäße und steinerne, hölzerne und metallene, bunt gefärbt oder einfarbig, bemalt, mit Schnitzereien oder schlicht, groß oder klein...

„Wofür brauchst du all das?", fragte das Mädchen.

„Die Menschen in der Welt haben sie geschaffen, um das Wasser des Lebens darin zu transportieren für jene, die nicht direkt von ihrer Quelle trinken können", sagte der Herr.

„Wie schön sie doch sind", murmelte das Kind.

„Ja", sagte der Herr traurig, „sie sind schön, und ich liebe sie alle, aber die Menschen streiten sich ihretwegen und verüben schlimme Dinge in ihrem Namen."

„Aber warum das denn?", erschrak das Mädchen.

„Sie haben eine Kunst für die Form entwickelt, und darüber den Inhalt vergessen."

„Ist denn das Wasser nicht immer dasselbe überall auf der Welt?" fragte die Kleine.

„Ja, so ist es", sprach der Herr. „Aber sie sehen es nicht, und denken, nur das Wasser in ihrem Gefäß sei das wahre Wasser des Lebens."

„Aber warum lehren sie die ihrigen nicht, selbst zur Quelle zu gehen, damit die Gefäße überflüssig werden?"

„Nur dafür haben ihre Schöpfer sie ursprünglich ersonnen; sie sollten den Menschen dienen", antwortete der Herr. „Aber ich habe gesehen, nicht jeder ist gleich imstande dazu", mahnte er dann. „Viele benötigen den Schutz der Form ihrer Kultur, um heranreifen zu können. Es wäre ein Fehler, die Gefäße des Heiligen zu entfernen."

„Ach so", sagte da das Mädchen. „Schade, nicht wahr? Wo doch die Quelle direkt in jedem Herzen wohnt!"

„Da hast du Recht;" sprach der Herr lächelnd, „in jedem Augenblick." Und er öffnete eine Tür zu einem winzigen Raum, der in einen Garten führte. Vor den Fenstern standen ebenfalls Gefäße. Transparent schimmerten sie in allen Farben und Formen, und aus ihrem Inneren erstrahlte ein Licht. Keines glich dem anderen. Mehr noch, sie schienen in steter Bewegung und Wandlung begriffen. Die Sonne spiegelte sich in ihnen, und eine Art Klang erfüllte den Raum wie eine Symphonie. Alle Töne bildeten gemeinsam EINEN GROSSEN ATEM, der sanft kam und ging, wie das Meer.

„Was ist denn das?", fragte das Kind überrascht, und konnte nicht den Blick lassen von dem, was sie sah.

„Das sind jene, die verstanden haben, dass sie selbst das Gefäß sind", sagte da der Herr. „Sie sind die lebendigen Blumen meiner Liebe, und der Gesang, der meine wehe Brust kühlt, wenn ich das Leid der Wesen sehe."

Mongolentraum

Ich tanze und tanze
Tag und Nacht
durch deine endlos
weite Steppe
um mich in ihr
ganz zu verlieren

Ich höre deinen süßen Gesang
der wie ein seltsamer Zauber
über die weiche Ebene lacht
wie tausend
kleine Silberglöckchen

Und deine Stille umhüllt mich
wie eine gewaltige Freiheit
ihr schönes schlichtes Lied
umfängt gerne warm
mein innerstes Herz

Deine ernüchternde Leere
ist überwältigend
würdevoll
und berauschend
zugleich

Wie sehr sehne ich mich nach dir

Doch du bist fern
so fern

Fern von meiner innren Stadt
in der jeder jeden übertönt
keiner den andren kennt
alles so sehr wichtig scheint
dass es lächerlich banal wirkt

Noch darf ich bloß
so dann und wann
sehnsuchtsvoll
und voller süßer Tränen
von dir träumen
du Allerschönste.

Doch sogar
das von dir Träumen
gibt mir Kraft
und erfrischt
meine brennende Seele

Komm, wiege mich
wiege mich ohne Ende
mit deinem weiten Klang
wie eine große Mutter
weich in süßen
erquickenden Schlaf

Und erzähle mir
wenigstens in meinen Träumen
von deinen Geheimnissen
du Allerschönste.

58

Der Narr

Der Wesir sandte einen jungen Mann als Boten zum Narren, um diesen zu einer Beratung einzubestellen.

Der Bursche war neu in des Wesirs Diensten. Er kannte den Narren noch nicht. „Was will der Wesir von so einem", dachte er, als er durch die Straßen lief.

Als er am Haus des Narren angelangt war, öffnete ihm eine Frau und bat ihn hinein. Sie führte ihn durch eine kühle Halle hinaus in einen frischen Garten. „Bitte, nehmt hier Platz, genießt ein Glas Tee und geduldet Euch eine Weile", sprach sie. „Mein Mann hat gerade zu tun."

Aus dem hinteren Teil des Gartens hörte der junge Mann lautes Gelächter und frohes Kreischen. „Er hat Kinder", dachte er. „Und er spielt mit ihnen!"

Die Stimme eines erwachsenen Mannes klang ganz deutlich unter den Kinderstimmen hervor.

Da plötzlich stürmte die ganze Schar hin zum Haus. „Vater, bitte spiele weiter mit uns! Bitte!"

„Ja, Kinder, abends komme ich zu euch zurück. Dann werde ich euch Geschichten erzählen, bevor ihr schlafen geht".

Er umarmte sie alle, und wandte sich seinem Besucher zu, mit roten Wangen und einem strahlenden Lächeln.

„Was ist des Wesirs Begehr?" fragte er den Burschen, der ihn erstaunt beobachtet hatte.

„Der Wesir bedarf einer Beratung mit Euch und bittet Euch um einen Besuch".

„Gut, junger Mann, ich werde mit Euch gehen, sobald wir unseren Tee getrunken haben."

Dieser Tor ließ nicht alles stehen und liegen, wenn sein Herr nach ihm rief? Was für ein Mensch war das? Er musste wirklich ein Narr sein!

Sie setzten sich auf die brokatenen Kissen auf dem Marmorboden und nippten von dem heißen, duftenden Getränk in den hohen Gläsern.

„Ich habe noch nie einen erwachsenen Mann so mit seinen Kindern spielen sehen", brach es da aus dem Besucher heraus.

„Ah, ich verstehe", antwortete der Narr vergnügt.

„Die Menschen denken, ein Mensch sei ein Tor, wenn er als Erwachsener noch das Herz eines Kindes hat.

Es gibt aber zwei Sorten von Narren. Die eine sind jene, deren Herz unwissend und unschuldig ist wie jenes der Kinder und es immer bleiben wird.

Die wahre Kunst und Forderung der Propheten jedoch besteht darin, das das wissende Herz, welches schon alle Schrecken der Welt geschaut hat, sich dennoch in Unschuld übt, in absoluter Offenheit und vollem Vertrauen. Ein sehendes Herz, das stets in allem den Allmächtigen zu erblicken vermag und sich nur ihm verpflichtet weiß!

Was kümmert es einen solchen Toren, was die Leute von ihm denken!"

Der Narr sah dem jungen Mann tief in die Augen. Und dieser erblickte trotz des tiefen Ernstes, der in diesem Menschen lag, ein unaussprechliches Lächeln, warme große Herzlichkeit. Es war ihm, als schaue er den schlichten Segen der Sonne.

„Wollt Ihr mich nicht Eure Weisheit lehren?" fragte er den Narren. Denn auch er war ein Suchender.

Dieser lachte laut.

„Zwei Lehrmeister gibt es, die sind für jeden gleich", antwortete er dann freundlich.

„Das Leben ist der eine. Es hält uns unerbittlich den Spiegel unserer Selbst vor.

Das Herz ist der andere, denn tief in ihm verborgen befindet sich die Wahrheit aller Dinge.

Ein erwachendes Herz, das sich als dem Allmächtigen angehörig erkennt, schließt zunehmend Frieden mit dem Leben und kehrt in wahre innere Schlichtheit und Unschuld zurück; doch es ist eine wissende Unschuld und keine Dummheit.

Und nun, lieber Freund, lasst uns gehen. Wir wollen doch den Wesir nicht unnötig warten lassen!"

Gebet

Das Licht, das hoch am Himmel leuchtet
erhellt auch mein innerstes Herz.

Das Feuer, das im Innersten der Erde brennt
loht auch am tiefsten Grunde meiner Seele.

Die weiche Nacht, die die Erde sanft umschlingt
tanzt süß nur in meinen gewagtesten Träumen.

Das Licht vom Himmel
entzündet mit dem Brennglas der Sehnsucht
das gewaltige Feuer der Liebe
das wie ein Vulkan in mir brodelt

Möge dieses Feuer doch
alles Überflüssige
in mir verschlingen

Die barmherzige Nacht ist die
grenzenlose Stille des Herzens
die vom Licht sich nicht scheidet

Alles ist vergangen
alles in in tiefster Ruhe

Alles
ist endlich
in Frieden.

Der Sohn des Windes

Eines Tages aber fiel im Abendrot ein seidener Schleier in allen Farben neben den Brunnen zwischen die Rosen.

Der laue Sommerwind, hingerissen von derlei Wundersamem, fuhr sanft darüber, und das hauchdünne Gewirk tanzte mit ihm innig umschlungen durch die ganze Nacht, ohne dass es wer sah.

Als der nächste Morgen heranbrach, war der Schleier plötzlich verschwunden.

Der Wind weinte. Hatte er nur geträumt?

Da bemerkte er einen Jungen am Brunnen, der soeben die Augen aufschlug. Er verwandelte sich in einen alten Mann und setzte sich neben ihn.

„Wo bin ich hier?", fragte der Junge, und blickte sich um.

Dem Alten schlug einen Moment das Herz höher. Waren die Augen des Jungen etwa in allen Farben?

Als er genauer hinsah, waren sie von tiefem Blau. Keiner der Leute hier hatte blaue Augen.

„Du bist im Rosenhain unseres Dorfes", erwiderte der Greis. „Wer bist du? Ich habe dich noch nie gesehen."

„Keine Ahnung", sagte der Junge, „ich weiß es nicht."

Und da der Junge weder wusste, wer er war, noch, woher er gekommen war, begleitete ihn der Alte ins Dorf.

„Du musst erst einmal tüchtig frühstücken", sagte er, „und dann sehen wir weiter."

Die Menschen staunten über die Schönheit des Jungen. „Wer ist das?", fragten sie den Graubart.

Der Greis wusste nicht so recht, was er sagen sollte. Dann fuhr ihm ein Gedanke durch den Kopf, und er sagte keck: „Er ist mein Sohn, und er soll hier bei einem Freund eine Lehre machen."

Und sein Herz freute sich über alle Maßen über seine Worte, denn, obwohl er es nicht wusste, waren sie WAHR.

Alle nickten; hatten doch beide dieselben blauen Augen...

Eine weise alte Frau trat vor und ergriff den Alten bei der Hand. „Wind, du lieber Freund, weißt du nicht, dass gestern im Himmel ein Fest war? Beim Tanz verlor die Liebe ihren Schleier; sie suchte die ganze Nacht nach ihm."

Sog

Ganz still ist es jetzt.

Keine Musik
nur das Rauschen
in den eigenen Ohren
gelegentlich
fährt draußen
ein Auto vorbei
gelegentlich ein Zug

Der Stift kratzt
die Hand streift
über das Papier
ansonsten ist es ganz still.

Ich verharre und lausche
dem Pochen des Herzens
in dieser Stille

Die so bedeutungsvoll scheint
und mich zu sich hinzieht
mit weiten Armen
in Empfang nimmt
als hätte sie mich bereits
seit langem, langem erwartet.

Weil ich nichts mehr weiß
und nichts mehr verstehe
weiß ich nicht einmal mehr
ob ich noch weiter fragen soll

Weil ich nichts mehr verstehe
und nichts mehr weiß
und sogar
die Resignation
in mir verstummt
ist es ganz still
tief in mir

Ist es nicht wirklich eigenartig
dass just in diesem Augenblick
der Kugelschreiber
alle ist?

Der träumende Dichter

Den Dichter fragte ein Freund: „Wie kommt es, dass du schreibst?"

„Woher soll ich das wissen?", erwiderte dieser.

„Einst träumte mir, ich sei ein Fischer, der am Meer seine Netze auswirft. Später wusste ich, es ist Wirklichkeit; es sind farbenfrohe Bilder und Geschichten, die mir im Meer der Unendlichkeit ins Netz gehen."

„Sind deine Bilder denn wahr?" wollte der Freund wissen.

„Keine Ahnung...", gab der Dichter zurück. „Die fremdartigen Skizzen, die meinem inneren Auge zuteil werden, gewähren mir das köstliche Entzücken ihres Anblicks gegen das glückliche Fieber, ihnen jederzeit als Maler zu dienen, der in Worten ihre Farben und ihre Musik wiederzugeben versucht."

„Und wer soll deine Bilder und Erzählungen lesen?" fragte der Freund hartnäckig.

„Ich weiß es nicht", sprach der Dichter mit Tränen in den Augen und rang um Worte. „Ich bin zutiefst berührt vom Unerklärlichen... Ach, wollte doch diese Rührung wie ein endloser Dank in das Herz anderer schwappen und auch sie beglücken!"

Liebeslied eines Sufis

Stille!
Du bist so schön
so fein
so tief

Ach!
Wie eine Geliebte
singst du
in meinem Herzen
voller Sehnsucht.

Stille!
Ich dachte immer
ich würde dich suchen

Doch du bist diejenige
die lang in meinem Herzen brennt
und weh stets nach mir lodert.

Jenes sonderbare Verharren –
bist du selbst

Jenes hilflose Verstummen –
bist du selbst

Du ziehst mich mächtig
zu dir hin
in deinen geheimnisvollen Bann

Ich kann und will
dir niemals widerstehen

Wenn du es so willst
du Schöne
ertrinke ich gerne endlos in dir

Dein wortloser Gesang
ist wohltuende Heimat
in meiner Brust

Dein Schweigen
legt tröstend die Hand
auf mein rastloses Gemüt

Deine warme Nacht
hüllt weich mich ein
und alles
wird zu nichts

Dein Wasser des Lebens
erquickt stumm meine Seele
die nichts mehr weiß

Einst hörte ich auf, mich zu wehren.

Und seither wirbst du Schöne, Gütige
mit aller Macht um mich
bis ich dein verliebtes Wehklagen
endlich erhöre
ein für alle Mal.

Unauflöslich

Zu Anbeginn der Schöpfung erschuf der Himmel den Geist der Freiheit und sandte ihn hinaus in die Welt.

„Du wohnst allen Wesen meiner Schöpfung inne", sprach er zu ihm, „auch wenn sie es nicht wissen."

„Wenn du zurückkehren willst zu mir, dann suche die Liebe – sie allein weiß den Weg. Auch sie verbirgt sich tief in allen Wesen meiner Schöpfung. Verzehrst du dich nach ihr ohne Unterlass, verehrst du sie aus allertiefster Seele, dann wirst du sie finden."

Der Geist der Freiheit aber fühlte sich bald einsam, wie er so durch die Welt streifte.

II

Vor Urzeiten wanderte ein Mädchen durch die hohen Berge des Himalajas. Als es in der Nähe des Kailash angelangt war, traf es auf einen jungen Mann, der ebenfalls in Richtung des Heiligen Berges ging.

Sie nickten einander zum Gruße zu und liefen schweigend nebeneinander her.

Als der Abend hereinbrach, begannen beide, ihr Zelt für die Nacht aufzubauen. Von dem getrockneten Yakmist, den sie unterwegs eingesammelt hatten, entzündeten sie ein Feuer und betrachteten die strahlende Sonne, die ganz allmählich den Heiligen Berg in goldenes Licht tauchte.

„Wer bist du, was tust du hier?", fragte endlich der junge Mann das Mädchen.

„Ich bin die Seele der Erde", sprach das Mädchen weich.

Dem Jungen stockte der Atem. Wie bezaubernd sie war! Ihre Worte klangen wie silberne Glöckchen im Abendwind.

„Und du?"

„Ich bin der Geist der Freiheit", erwiderte er. Seine tiefe Stimme tönte warm und kraftvoll wie der Gong der fernen Himmelstempel.

Ach! Auch ihr Herz barst vor Glück. Sie musterte ihn, während sie ihre aufbrausenden Gefühle einer Prüfung unterzog. Nein, eine Täuschung war nicht möglich. Er musste es wirklich sein!

„Und was ist die Seele der Erde?", wollte er dann wissen.

„Die Seele der Erde ist wie das Herz aller Dinge."

„Und was ist das Herz aller Dinge?"

„Das, wonach du so lange gesucht hast."

Sie beobachteten die munteren Flammen ihres kleinen Feuers, tranken wortlos ihren Buttertee und aßen

Tsampa. Die Sonne tunkte den Heiligen Berg vor dem Hintergrund eines tief blauen Himmels mit rosa Wölkchen in einen Rausch von roten Tönen.

„Bist du etwa die Liebe?", platzte es plötzlich aus ihm heraus.

Sie lächelte.

„Wenn du aber die Seele der Erde bist, Liebe, wie kannst du dann mit mir an einem Feuer sitzen und Tsampa essen?"

„Könnte ich dich nicht dasselbe fragen, Geist der Freiheit?"

„Mag die Liebe die Freiheit denn leiden?", fragte der junge Mann wagemutig.

Sie schaute ihn ganz unverwandt an, und er wurde so trunken vor Seligkeit vom Blick in ihre unergründlich tiefen Augen, dass er ein wenig erschrak und wegsah.

„Du weißt es; sie sind für einander bestimmt. Denn ohne Freiheit gibt es keine Liebe – und ohne Liebe entschwindet die Freiheit. Nur gemeinsam vermögen sie das Glück des Himmels zu erschaffen."

„Ja, das hat man mir gesagt. Vor endlos langer Zeit." Er seufzte und schielte verlegen zu ihr hinüber. Ihr ebenmäßiges Antlitz schien im Licht des Feuers zu flackern. Sein Herz klopfte.

„Komm, gib mir Deine Hand. Lass uns den Heiligen Berg und die Himmelsgesandte Sonne um ihren Segen bitten", drangen ihre Worte wie im Traum an sein Ohr.

Sie standen auf, ergriffen einander bei der Hand und verneigten sich tief vor den beiden ehrwürdigen Alten, die sie zusammengeführt hatten.

Unauflöslich war ihr Bund.

Und ihre Herzen glühten vor Freude.

Die Seufzer des Bandoleons

Wenn es wahr ist, dass jede Heimat
die ihr seelenverwandte Musik hat
die in unseren Adern pulsiert
so frage ich mich!

Schon sehr früh verlor ich mich
im Klang und Anblick des Sirtaki
und versenkte mich in den
fremdartigen Klängen und Liebesliedern
des fernen Indiens

Die Mantren der tibetischen Mönche
fielen in meine Seele
und nährten dort
ein unstillbares Feuer

Es überwältigten mein Sein
so manches Mal
die Leidenschaft des Flamenco
die Seufzer des Bandoleons
die Mythen der irischen Gesänge
die alten Barden des Mittelalters
das Klavier des aufsässigen Liszt

Es entführten mich
die Orgelwerke Bachs
und ließen mich erstaunt
Geheimnisse schauen

Und bittere Tränen weinte ich
bei mancher Passion Karfreitags
und bei Taminos Suche nach Licht

Die alte Musik Arabiens
und seiner Anverwandten
zieht mich in ihren Bann
ebenso wie jede
Musik alter Völker

Mit jeder Faser
lebe ich sie
leb ich in ihr
bin ich vergessen in ihr

Flötenklänge
Trommelschlagen
Gitarrengesänge
alte Lieder und Hymnen
an das Unsagbare
oder einfach das Leben...

Und ich frage mich:
Seele, wo überall
bist du schon gewesen?
Was ist dann wohl meine Heimat?

Meine Heimat ist, ach!
Die Quintessenz
dieser überwältigenden
Musik aller Seelen

Sie brennt in meinem Herzen
wie ein unauslöschlicher Durst
und klingt
wie ein unaussprechlicher Ton
vergessen in der Unendlichkeit
des gewaltigen Raumes

So verschieden ihre wehen
und auch frohen Stimmen
auch sein mögen

Die Sehnsucht aller Wesen
ist doch immer
die gleiche

Die Musik des Lebens

„Da drin singt ein Vogel!", flüsterte das Mädchen.

Der Junge spitzte seine Ohren.

„Ja... du hast Recht", sagte er dann. „Aber sein Lied klingt, als weine er bitterlich. Lass uns nachsehen..."

Die Geschwister standen vor einem großen Portal in einem dunklen Keller. Nur durch ein schmales Fenster im Gang fiel etwas Licht von draußen herein. Das hölzerne Tor war reich mit Schnitzereien und seltsamen Zeichen verziert. Wasser strömte durch einen Kanal in den Raum dahinter.

Mit vereinten Kräften drückten die Kinder das Tor auf und betraten einen riesigen Saal.

Hoch gemauerte Bögen aus reinstem Rosenquarz erstreckten sich nach oben, wo sie den Blick auf eine von Lapislazuli bedeckte Decke freigaben, als schaue man direkt in einen Sternenhimmel. Auf einer Empore an einer Seite des Gewölbes stand eine Art Lampe, die in allen Farben schimmerte; das strahlend blaue Licht, das sie erzeugte, erhellte den ganzen Saal.

„Wo sind wir hier?", fragte das Mädchen überrascht.

Zwei weiße Tauben flogen auf sie zu. „Ihr müsst ihm helfen", sagte die eine, und flog dann zurück in die Mitte des Saales, wo ein gewaltiger Baum stand. Die Kinder beeilten sich, ihr zu folgen.

Als sie näher kamen, sahen sie, der Baum vereinte in

sich nicht nur die ganze Üppigkeit grüner Blätter verschiedenster Bäume, sondern auch die unendliche Vielfalt von Blumen und Früchten aller Art. An einem seiner Äste hing ein Vogelbauer. Darin saß ein großer Vogel. Der Käfig war so klein, dass er ihm kaum Raum zum Atmen gewährte. Sein langer Federschweif und sein goldener Schnabel ragten zwischen den Gitterstäben hervor.

Bruder und Schwester betrachteten den Vogel. Er war von tiefem Blau und Türkis, der Schwanz leuchtete in allen Farben, die Flügel waren durchsetzt von goldenen Federn. Aus seinen großen Augen rollten Tränen. Köstliche Musik durchzog den Raum.

„Was ist das?" wollte der Junge wissen, und suchte am eisernen Gefängnis des Vogels nach einer Tür.

„Es sind seine Tränen", sagte eine der Tauben. „Er IST das Herz des Baums, die Musik des Lebens. Sogar seine Tränen singen... Wenn er nicht bald freikommt, wird er sterben."

„Wie kann es sein, dass er hier so jämmerlich eingesperrt ist?" staunte das Mädchen.

„Er war nicht immer so groß", antwortete die Taube.

„Aber er wollte immer schon frei fliegen", fügte die andere Taube hinzu.

Die Kinder fingerten am Riegel des Käfigs herum. „Das soll er!", sagten sie, und öffneten die Tür.

Da erhob sich der blaue Vogel der Glückseligkeit in

die Lüfte, und eine gewaltige Orgel erschütterte das ganze Gewölbe mit ihren Tönen. Das gesamte Gemäuer schien in Bewegung, als atmete es; doch nichts stürzte ein, ganz so, als sei alles in bester Ordnung.

„Das ist er in seiner ganzen Herrlichkeit", erklärte die Taube. „Endlich wird er die unendlichen Wunder der Welten bereisen und uns davon berichten in seinen Gesängen..."

„Ihr habt meine Fragen noch nicht beantwortet", bemerkte das Mädchen, obwohl sich eine unbeschreibliche Freude in ihr ausgebreitet hatte.

Da trat ein alter Mann auf sie zu, ergriff ihre Rechte und legte sie auf ihr Herz.

„Der Vogel des Lebens ist hier drin zuhause", sprach er, „und will befreit werden..."

„Das Leben selbst ist ewiger Klang, unerschöpfliche Musik...", fuhr der Junge fort.

Und sie erwachten.

Der Hüter der Schwelle

Eines Tages
traf ich meine Angst
von Angesicht zu Angesicht.

Sie lachte und stellte fest:
„Ich habe dich schon
oft davon abgehalten
dir selber treu zu sein."

Ich nickte und gab ihr zur Antwort:
„Ja, du bist eine Meisterin darin
meine innere Gewissheit und
Unterscheidungsfähigkeit zu prüfen.

Denn so manches Mal
hast du mich vor Schlimmem bewahrt
indem du mir durch dein Erscheinen
gezeigt hast,
dass ich drauf und dran bin
wirklich in die Irre zu gehen.

Andere Male galt es
den Weg entgegen deiner Warnungen
festen Schrittes einzuschlagen
um seinen Herausforderungen
gewachsen zu sein.

So sehr du es auch liebst
ausweglos in Beklemmung gefangen zu sein
und fruchtlose Fluchtversuche

vor dir selbst zu unternehmen
bist du mir doch eine treue Freundin
die immer ehrlich zu mir ist,
und ich danke dir von Herzen dafür."

Da erbleichte sie und wich zurück.

Und Saturn,
der Hüter der Schwelle, lächelte.

„So ist es recht", sagte er bedächtig.

„Die Pforten zur Unendlichkeit
öffne ich nur für jene, deren Füße
so fest in der Wahrheit verwurzelt sind,
dass sich ihre Treue
auch im Alltag bewährt hat."

Karfreitag

An jenem Tag erbebte die Erde in ihren Grundfesten. Und einer jener alten Krieger, die auch Liebende sind, griff sich in der Ferne ans wehe Herz... Mit letzter Kraft schleppte er sich tief im Wald unter einen Baum und sang sein schönstes Lied. Es war eine laue, mondhelle Frühlingsnacht.

Zwei Vögel saßen über ihm im Baum und weinten, denn sein Gesang bewegte sie zutiefst.

Dann sog der Krieger tief den Duft der Veilchen ein, die neben ihm blühten, neigte lächelnd sein Haupt an den Stamm des Baumes und ging fort, in jene unbekannte, andere Welt.

„Auch die Menschen sind also überaus verletzlich und vergänglich", sprach da der eine Vogel.

„Wir alle sind vergänglich", gab der andere Vogel zurück.

„Ich sah sie stolz und herrisch, als gäbe es nichts, das über ihnen stünde", erklärte der erste Vogel.

„Das Leben ist ein seltsames Wunder", erwiderte sein Freund. „Solch eine Mühe, solch eine Vielfalt... so viel Leid, so viel Freude... und doch – ich habe es mit eigenen Augen gesehen – bleibt hinterher immer nur ein Häufchen Erde zurück."

„Ein glitzernder Funken Leben, ein Stück wandelnder Sternenstaub... wie eine Blume entsprießt das Leben der Erde, erstrahlt in kurzer Blüte und kehrt zu ihr zurück...", schluchzte der andere.

Vor dem Wald saß ein Liebespaar an einem Teich, der im Mondlicht schimmerte.

„Hör nur", sagte da der Mann zu seiner Angebeteten, „zwei Nachtigallen..."

Die Frau schloss die Augen und lauschte; doch die Ohren ihres Herzens reichten weit über den Wald hinaus. Auch ihr traten die Tränen in die Augen.

„Weit weg von hier starb heute einer, der sich selbst *der Weg, die Wahrheit und das Leben* nannte", antwortete sie den Vögeln dann flüsternd. „Er ist die immer während leuchtende Rose, die im Sternenstaub blüht, und im Kern alles zusammenhält, und er wird wieder auferstehen."

Friedensgebet

Als einst die Liebe
durch die Welt wanderte
begegneten ihr viele bittere Herzen.

Herzen voller Gier
Herzen voller Hass
und Herzen voller Verblendung.

Da legte die Liebe
ihre tröstende Hand auf sie
geduldig, immer und immer wieder
ohne jede Bedingung
und ohne Unterlass

Bis der übergroße Durst
der übermächtige Hunger
dieser Herzen restlos gestillt war
und Gier, Hass und Verblendung
in Staub zerfielen.

Und da sagten
die Herzen zur Liebe:

Welch ein Frieden
ist doch in uns eingekehrt...

Und so kam es,
dass die Menschen
wahre Brüder wurden.

Auf das, was wichtig ist...

Es war einmal ein Mann, der Zeit seines Lebens ganzen Herzens nach der Wahrheit gesucht hatte und schließlich seiner Berufung gefolgt war.

Er hatte einen guten Freund; dieser zerbrach ihm regelmäßig alle Illusionen, und ließ nur das Wesentliche übrig. So schmerzlich dies doch oft war; der Mann war dem Freund sehr dankbar. Es war der treueste Freund, den er hatte, und er irrte sich nie.

Eines Tages nun stand der Freund wieder vor seiner Tür, und der Mann bat ihn hinein.

Er trug ein filigranes Gefäß bei sich, in dem ein Licht brannte.

"Es gibt noch etwas zu lernen", sagte der Freund.

"Ich weiß", gab der Mann zur Antwort.

Draußen in der Abenddämmerung nahmen sie Platz auf einem Fels auf einem nahen Hügel. Sie lauschten den Grillen in der Blumenwiese, während der Fels die Wärme des vorangegangenen Sommertages ausatmete.

"Wie findest du dein Leben?", fragte der Freund den Mann.

"Es ist schön, dem Herzen zu folgen", erwiderte dieser. "Das Leben ist lebendig und voller Hingabe; und es konzentriert sich von Tag zu Tag mehr auf das, was wichtig ist."

"Auf das, was wichtig ist...", wiederholte der Freund.

Sie beobachteten, wie sich die Sonne dem Horizont näherte und dem Himmel wilde Pinselstriche in allen Farben versetzte.

"Bist du also bereit?", fragte der Freund dann.

"Ich vertraue dir", sagte der Mann.

Da zerschlug der Freund das Gefäß in tausend Scherben.

"Ach so", staunte da der Mann, "nicht einmal das ist mehr wichtig..."

Und er lachte schallend.

"Von den tausend Gedanken hin zu dem einem", sagte er dann. „Und von dem einen ins Alles-Nichts. Auch gut!"

Und als das Licht verrauchte, verlor sich der Mann mit dessen Rauch im Abendrot, bis er verschwunden war. Nur ein Papier flatterte im Wind. Der Freund griff danach. Es war der Auszug aus einem Tagebuch, und zwei Texte standen darauf. Er begann zu lesen.

„Über die Berufung"

„Berufen zu sein, das ist, den Ruf unserer innersten Natur zu verspüren, das zu tun, was ihr gemäß ist... Manche wissen schon sehr früh, was ihre Bestimmung ist. Andere erst viel später. Und viele erfahren es aus allerlei Gründen nie.

Bei uns selbst zu sein, völlig absichtslos unserer ureigenen Natur zu folgen, erfüllt mit einer ganz besonderen Art von Glück. Und so tun wir spontan gerne und von Herzen, was uns dieses Glück zu schenken vermag. Solches nennt man auch Liebe, denn es scheut keine Mühen und ist sich doch bereits Lohn aus sich selbst.

Es ist wild und frei, zornig und machtvoll, und doch sanft und voll von unendlicher Hingabe; und es macht glückstrunken auch ohne Wein, trotz klarer Anerkenntnis der Realität.

Wer jedoch aus Liebe handelt, bringt aus freien Stücken seine edelsten und besten Qualitäten mit ins Spiel.

Seltsamerweise benötigt man alle seine Eigenschaften zusammen, um seine eigene Berufung leben zu können. Und was vorher störte, während man sich abmühte, anderen gerecht zu werden, wird plötzlich gebraucht. Am richtigen Platz bilden alle Eigenschaften plötzlich ein Orchester, das EIN Stück spielt, nämlich das unseres ureigenen, individuellen Lebens, das sich der Erfüllung genau unserer Aufgabe widmet.

Mehr noch, auch alle bis dahin eingeflossenen Erfahrungen dienen plötzlich demselben einzigen SINN - dem, in der Lage zu sein, dieser Berufung zu folgen. Sogar schmerzliche Erlebnisse verwandeln sich in reine Platzhalter für etwas ungleich Größeres. Denn das Komische an der Berufung ist: Obwohl es individueller nicht geht, tritt erst durch sie ganz ohne Absicht das eigene Licht unter dem Scheffel hervor, und leuchtet auch anderen, für die es in diesem oder jenem Moment des Lebens auf die eine oder andere unscheinbare, im Alltag eher unbedeutende, oder aber überall sichtbare Weise nötig ist.

Aus Liebe zu handeln, heißt auch, zu sich selber zu stehen, und die Verantwortung zu übernehmen, die daraus erwächst. Aus diesem Bewusstsein sich selbst betreffend entsteht auch ganz natürliche Selbstsicherheit, wobei die ebenfalls natürliche Bescheidenheit und Menschlichkeit völlig intakt bleiben. Denn wer seinen Platz gefunden hat, der kennt auch frohgemut seine Grenzen, und schämt sich keineswegs für sie. Sie sind gesund, erlauben auch inneren Abstand, und vermeiden Größenwahn und den geheimen Wunsch, die ganze Welt "retten zu wollen", der aus soviel Fülle sonst vielleicht entstehen würde. Im Gegenteil, die gerne eingehaltenen Grenzen verlangen sogar geradezu danach, dass auch andere ihre Aufgaben erfüllen, an dem ihnen wirklich gemäßen Platz... Entsteht eine Lücke zwischen möglicher Gabe und Bedarf, wird das Leben sie irgendwann füllen, denn wie wir wissen, erlaubt die Natur kein Vakuum.

Wer der eigenen Berufung folgt, gibt für sie gerne das

Beste, um immer weiter zu lernen und noch besser zu werden - aber nicht aus Furcht oder Erfolgszwang jeglicher Art heraus, sondern aus einem tiefen Empfinden von Dankbarkeit, Fülle und Freude.

Vielseitigkeit und Kreativität zeichnen Menschen aus, die ihre Berufung leben. Denn Leben IST Vielfalt. Dass wir leben, ist ein Wunder - und sie empfinden es als angemessen, diesem Wunder zu dienen."

„Vom Strom des Lebens"

„Einst gebar die Erde winzige Quellen. Geizigen Fels zerteilten sie, durch gierige Sümpfe fanden sie zu sich selbst. Und bahnten sich gegen alle Hemmnisse ihren Weg.

Und irgendwann, nach langer Zeit, geschah es, dass sich alle Rinnsale zu einem Strom vereinigt hatten.

Eine Quelle erhob ihre Stimme und sprach: „Ich bin nur ein winziges Rinnsal." Und die anderen Quellen erwiderten dasselbe.

Da hörten sie sich selbst und sahen: sie hatten als großer Fluss in unwegsamen Bergen liebliche Täler geschaffen.

Sie klagten einander ihr Leid und sahen: gegen alle Widrigkeiten treu ihrer ureigenen Natur zu folgen, war ihr Schicksal gewesen, das sie schließlich glücklich vereint hatte.

Und die Quellen waren erstaunt.

Und dann stimmten sie gemeinsam jenen gewaltigen Zaubergesang an, den man nicht in Worte kleiden kann.

Als ich als junger Mensch Siddharta las, nährte er meine Sehnsucht und des Nächtens schrieb ich im Innersten angerührt und tief beunruhigt die Heilige Silbe auf das Papier, das neben meinem Bett hing, um nächtliche Einfälle schnell niederschreiben zu können. Om! Om!

Und ich wollte so sehr wie er vom Wasser lernen.

Ich liebte das Wasser in seiner Weisheit, seinem Witz und seiner geheimnisvollen weichen Macht.

Nun, das Wasser erwiderte meine Liebe und hat meine Bitten erhört und mich gelehrt.

Es bat sich quasi selbst – denn auch ich bin nichts anderes als der Strom des Lebens selbst.

Jetzt sind alle Rinnsale vereint und Zeit ist ohne Bedeutung.

Und jetzt verstehe ich den mächtigen Klang, der zuweilen wie eine süße Verheißung mein Herz ergriff."

Im nahen Wäldchen sang ein Rotkehlchen ein paar Worte im Traum. Der Freund erhob seinen Blick zu den Sternen. Über ihm zerstob eine Sternschnuppe.

Bedächtig strich er das Papier glatt. Er faltete es, stand auf, und legte es behutsam auf dem Felsen nieder, auf dem sie zuvor gesessen waren.

„Auch ich danke dir", sagte er lächelnd und verneigte sich. „Für diese Zeilen, deine aufrichtige Freundschaft und dein unerschütterliches tiefes Vertrauen."

Da löste sich das Blatt auf geheimnisvolle Weise ebenfalls auf. Der Freund hingegen drehte sich um und ging fort.

Bedingungslos

Die Freundschaft streckt uns
ihre Hand entgegen im Gestrüpp
der einsamen Berge unserer selbst

Die Freundschaft bietet uns
ihre Hand ohne jede Bedingung
sie gibt uns Zuflucht
und weiß alles von uns
so als sei es ganz selbstverständlich

So als sei ihr ganz natürlicher Platz
eben an unserer Seite.

Wissend, tief und voller Gnade
beschützt sie uns völlig bedingungslos
bedarf keiner Worte
bedarf keiner Fragen

Begleitet uns wie ein Wunder
in der oft bitteren Wirrnis unserer Seele

Weich fällt geheimnisvoll
ihr dunkler warmer Mantel
und hüllt uns ein
in wohltuende Ruhe

Unerklärlich
tief im Busen
ganz in uns selbst

Der Einfältige

Ein Mann legte sich einst nieder, um diese Welt für immer zu verlassen. Er verabschiedete sich von seiner Frau, seinen Kindern und allen anderen, und schlief dann einfach ein.

Sein Weg führte ihn durch eine stille, hohe, sternenklare Nacht.

Es war ein freundlicher schweigsamer Begleiter bei ihm, der ihn in eine helle, unendlich hoch scheinende Halle führte, vor einen Tisch, an dem welche saßen, deren Gesicht man nicht sah, weil sie prächtig geschmückte, herrlich strahlende Schakalsmasken trugen.

Sein Begleiter verneigte sich tief vor allen Anwesenden, und ließ ihn allein dort zurück.

Auf dem Tisch stand eine Waage mit zwei Waagschalen, und auch ein dickes Buch lag da. Das war das Buch seines langen Lebens!

Der, welcher der Chef zu sein schien, begann, den Verstorbenen zu befragen, um seine Taten und sein Herz zu wiegen.

„Ich bin Anubis, der Richter der menschlichen Wesen. Hast du schon von mir gehört?"

„Ja, oh Herr, gewiss!"

„Dann sage mir, was du in deinem Leben Gutes und Böses getan hast? Welche Verdienste kannst du vorweisen?"

„Oh, Anubis", sprach da der Mann, „ich hab ja gar keine!"

„Wie willst du dann deine Fehler aufwiegen, Armseliger? Du willst dich doch gewiss nicht vermessen, zu behaupten, du seist ohne Sünde, ohne jeden Fehler?"

„Ach, Allwissender, wie könnte ich das?"

„Und dennoch erzitterst du nicht vor mir?"

Der Mann verbeugte sich tief, voller Würde, und sprach aus vollem Herzen: „Oh, du Ehrwürdiger, weshalb sollte ich das?"

„Hast du die Gebote deines Volkes erfüllt?"

Der Mann kratzte sich ein wenig verlegen am Ohr.

„Ja, weißt Du, Herr, wenn es mir möglich war, hab ich das wohl. Aber manchmal hat mein Herz was ganz anderes von mir verlangt, und ich bin ihm immer gefolgt. Glaubst Du, das ist schlimm, oh Anubis?"

„Warum bist du denn deinem Herzen gefolgt, und nicht deinen Leuten?"

„Na, mein Herz ist doch immer in mir, ich trag es

ständig mit mir herum – und nicht die Leute. Ist es da nicht besser, Frieden mit dem eigenen Herzen zu pflegen?"

Anubis sah, dass er nicht viel vorankam mit der Befragung. Er legte eine schöne große weiße Feder auf eine Waagschale der Waage und erbat sich das Herz des Mannes.

Der gab es ihm, und Anubis legte es auf die andere Waagschale.

Und die Waage rührte sich fast nicht – die Feder wog mehr als das Herz.

„Wie hast du denn das gemacht, mein Freund?"

„Ich verdanke es meinem Lehrer", sagte da der Mann schlicht.

„So, so."

„Ja... er lehrte mich, dass die Ursache für den Schmerz stets in unseren eigenen bewussten oder unbewussten Fehlern liegt, und keineswegs die reine Natur der Seele ist."

„Mmh. Das war alles?"

„Nein, natürlich nicht! Er lehrte mich auch, dass allein das heilige Feuer der Liebe in jedem einzelnen von uns stärker ist als jeder innere Irrtum, Fehler und Trugschluss, als jede innere Verwirrung, als jedes innere Dunkel."

„Aha. Und dann hast du wohl stets die Liebe gebeten, dich zu erlösen, wann immer du deiner inneren Irrtümer und Fehler gewahr wurdest?"

„Ja, genau! Die Göttlichste erhörte mich stets und gewährte mir, mich selbst aus vollem Herzen zu lieben in all meiner vielfältigen inneren Not und Unwissenheit."

„Und was passierte dann?"

Der Mann lächelte versonnen.

„Ach, weißt du, das hat lang gedauert, so lang, oh Anubis...

Aber allmählich, fast unmerklich, wurde mein Leben licht und freundlich, mein Herz immer leichter... ja, schau nur, zum Schluss ward es bloß noch eine Daune!"

Und in der Tat, auf der Waage lag kein Herz mehr, sondern eine bloße reine Daune.

Anubis schlug das Buch seines Lebens auf – und seine Seiten waren weiß und unbefleckt. Nur auf der letzten Seite stand: *steht vor dem Richter Anubis.*

„Ach – das steht da drin? Das ist ja ungewöhnlich, nicht?"

Und da musste der Mann hell auflachen, zutiefst herzlich und erstaunt, denn es rührte ihn komisch an, dass da in dem Buch seine Gegenwart geschrieben stand.

„Mein Freund, der du eine Daune bist, so gehe hin in Frieden! Sei eine Wolke, die der durstenden Wüste Trost spendet, oder ein Hauch von Zuwendung, der ein schmerzendes Herz ein wenig wärmt... was auch immer! Geh hin in Frieden – du bist frei!"

Da verbeugte sich der Mann schweigend, beide Hände über die Brust gekreuzt, und ging hinaus in die Sternennacht, die Prachtvolle, Singende.

Und innen schauten die Richter, wie die Daune leicht sich erhob, und wie sie so davon schwebte, wurde sie zu nichts...

So leicht war ihm jetzt ums Herz!

Nachfolgend Zeitpunkte der Entstehung der Texte und Bilder.

Texte:

Wilde Blüten (1998), Vision (2014), Brennen (1997), Verwandlung ist Wunder (2013), Die Sehnsucht (2013), Sonnenmädchen (2010), Und eines Tages (2013), Der Fels als Brunnen (2009), Die Einsamkeit (1998), Der Ruf des Meeres (2010), Der Bann (2014), Joringel (2014), Weit – nah (1993), Entwurzelt (2014), Über die Trauer (2014), Die Sammlung des Herrn (2013), Mongolentraum (1997), Der Narr (2010), Gebet (1997), Der Sohn des Windes (2013), Sog (1998), Der träumende Dichter (2014), Liebeslied eines Sufis (1997), Unauflöslich (2008), Seufzer des Bandoleons (1997), Musik des Lebens (2014), Der Hüter der Schwelle (2014), Karfreitag (2014), Friedensgebet (2014), Auf das, was wichtig ist (2013), Über die Berufung (2012), Vom Strom des Lebens (2012), Bedingungslos (1999), Der Einfältige (2006)

Bilder:	Entstanden	Seite
Die Musik des Lebens I	2014	Titelseite
Phönix	2010	7
Madonna in der Knospe	2010	16
Wasserblüte	2005	20
Aurora	1986	23
Baum des Lebens	2013	25
Bach	2007	30
Wasserfall klein	2011	34
Der Baum des Lebens in mir	1979	40
Glücklicher Traum	2007	43
Sonnenaufgang	1985	45
Alle Kulturen...	2007	55
Im Mondlicht	2007	58
Pastorale	2007	62
Enten im See	2011	64
Blaue Blume der Glückseligkeit	2008	68
Andere Welt	2011	70
Unauflöslich	2009	76
Wasserfall groß	2011	79
Zwischen den Welten	1992	84
Singende Sonne	2008	86
Werden und Vergehen	2003	94
Sternennacht	2008	101
Die Musik des Lebens II	2014	Rückseite

Inhaltsverzeichnis